영재 교육의 실제적 전략 시리즈

series editors
Frances A. Karnes & Kristen R. Stephens

영재아 지도를 위한 사회적 · 정서적 전략

Social & Emotional Teaching Strategies

Stephanie A. Nugent 지음

한기순 · 이금숙 옮김

아카데미프레스

Social & Emotional Teaching Strategies

차 례

역자 서문

본 역서는 Stephanie Nugent 교수가 집필한 『Social and Emotional Teaching Strategies』를 번역한 것이다. 이 책에서 Dr. Nugent 교수는 영재아를 지도함에 있어 사회·정서적 측면의 교육의 중요성과 필요성을 설득력 있게 피력하고 있으며, 이를 위한 구체적이고 실제적인 전들을 소개하고 있다.

영재교육에 대한 관심이 커지고 있고 현장에서의 실천도 점차 증가하고 있는 시점에서 이 책은 영재교육에 관심이 있는 독자, 영재아를 둔 부모, 그리고 무엇보다도 영재아를 지도하고 있는 현장 교사들에게 도움이 될 수 있는 자료라고 생각한다. 특히 우리나라의 경우 영재들을 위한 프로그램이 인지적인 측면에 편향되어 개발·운영되고 있는 실정이기 때문에 Nugent 교수가 전해 주는 사회·정서적 교육의 의미와 전략이 더욱 귀중하게 활용될 수 있다고 사료된다.

다만 이 책을 번역하면서 원저자의 의도를 충분히 살렸는지에 대한 걱정이 앞서는 것이 사실이지만, 앞으로 계속적인 검토와 독자들의 충고와 지적을 바탕으로 보다 완성된 번역본을 만들어낼 수 있기를 희망해 본다.

출판계의 어려운 사정에도 불구하고 출판을 허락해 주신 아카데미프레스 사장님과 편집부 여러분들에게 감사의 마음을 전한다.

2008년 8월

한기순, 이금숙

시리즈 서문

『영재 교육의 실제적 전략 시리즈』는 교사, 상담가, 교육행정가, 부모 그리고 그 외에 이 분야에 관심이 있는 사람들에게 영재 교육 분야에서 많이 논의되는 다양한 이슈들에 대한 최신 교수 기법과 정보를 제공해 준다. 이 시리즈의 각 권은 영재 교육 분야에서 권위 있는 학자들에 의해 많이 논의되는 주제를 중심으로 소개되고 있다. 대표적인 주제는 다음과 같다.

- 영재 학습자들을 가르치기 위한 속진 전략
- 교육과정 압축: 잠재성이 뛰어난 학생들을 변별하기 위한 첫걸음
- 영재 학습자들을 위한 심화 기회
- 영재 학습자들을 위한 개별 연구 활동
- 영재 학생들에게 동기 부여하기
- 영재아들을 가르치기 위한 질문 전략
- 사회적 · 정서적 교수 전략
- 영재 학습자들을 위한 매체공학 사용하기

들어가는 글:
사회적 · 정서적 교육이란 무엇인가?

인지적 영역에서 지적 과정이 강조되는 것처럼, 정서적 영역에서는 감정적인 측면이 강조된다. Krathwohl, Bloom 그리고 Masia(1964)는 정서적 분류학을 개발하였는데, 이것은 깊이, 복잡성 그리고 필요한 사고 능력에 따라 교육 목표를 분류할 수 있는 기준을 제시하기 위함이다. 분류학에서 언급된 것처럼, 정서적 영역에는 사람들의 감정, 느낌, 개인적 가치, 올바른 인식, 열정, 동기, 마음가짐, 그리고 다른 사람들, 사물 또는 아이디어에 대한 민감성 등을 다루는 방법이 포함되어 있다. 정서적 분류학은 다섯 가지 범주로 구성되어 있다—받아들이기, 반응하기, 가치화하기, 조직화하기, 특성짓기.

받아들이기

받아들이기는 학생들이 기꺼이 다양한 자극(예: 교실 활동, 교과서 읽기 등)에 주목하는 것으로 학습자가 학습 자료를 의식하고 있거나 수동적으로 인식하고 있을 때 일어난다. 교사의 관점에서 볼 때 이것은 학생들을 주목하게 하고 이런 상태를 유지하며 학생들의 주의를 돌리게 하는 것이다. 이 단계의 학습 결과는 단순히 주제가 있다는 것을 깨닫는 것부터 학습자의 주목을 구분하는 것까지 포함한다. 듣기, 민감성 보여 주기, 차이 받아들이기, 관용 표현하기, 알고 있음을 나타내기 또는 심도 있게 주목하기와 같은 태도가 이 단계의 목표에 포함되어 있다. 또한 이 단계에서 결과를 나타내기 위하여 질문하다, 선택하다, 기술하다, 따르다, 확인하다, 응답하다, 선정하다, 사용하다와 같은 동사가 종종 사용된다.

반응하기

반응하기는 학생의 적극적인 참여와 관련이 있다. 반응하기는 학습자가 특정한 자극에 예견된 방식으로 주목하거나 반응함으로써 주어진 기대를 충족시킬 때 일어난다. 이 단계에서 학생은 제시된 자극에 반응한다. 따라서 가르치는 입장에서 본다면 이 단계는 제시된 자료에 대한 학생의 흥미와 관련이 있다. 이 단계의 결과에는 소극적으로 반응하기(숙제로 내준 자료 읽기), 기꺼이 반응하기(주어진 숙제 외에 자발적으로 읽기) 또는 반응하기에서의 만족(즐거움 또는 기쁨을 위한 읽기) 등이 포함되어 있다. 이 범주의 교수 목표는 전형적으로 개인적 또는 학문적 흥미와 관련이 있다. 목표는 지침 따르기, 기대 충족하기, 참여하기, 자발적으로 행하기, 관심 보이기 또는 즐기기 등의 태도이다. 이 단계에서 학습 결과를 표현하기 위하여 조력하다, 반응을 보이다, 도와주다, ~에 착수하다, ~에 여가 시간을 보내다, ~에 응하다와 같은 동사가 사용된다.

가치화하기

가치화하기는 학생이 자극에 부여하는 가치에 초점을 맞춘다. 가치화하기는 학습자가 허용적 분위기에서 자신의 내적 서약과 일치하는 외적 태도를 보일 때 일어난다. 이것의 범위에는 그룹 상호작용 기술을 향상시키고자 하는 바람에서부터 그룹 프로젝트에 대한 헌신 또는 리더십 책임을 맡는 것까지 포함될 수 있다. 따라서, 가치화하기는 명확한 태도로 전개되는 특정한 원칙을 내면화하는 것을 기본으로 한다. 마음가짐과 올바른 인식에 연결된 교육 목표가 이 단계에서 발견된다. 이 단계의 목표는 신념 보여 주기, 가치 인식하기, 관심 보이기, 선호도 표현하기, ~에 대한 헌신 보여 주기 또는 문제해결 태도 보이기 등이다. 이와 관련된 동사로는 완성하다, 설명하다, 형성하다, 시작하다, 초대하다, 가입하다, 정당화하다, 제안하다, 공유하다, 지지하다, 포기하다 등이 있다.

조직화하기

조직화하기는 다른 가치를 수집하고 충돌을 해결하는 것으로 이루어지는데, 종종 자신의 상대적인 강점과 약점을 파악하고 이를 수용하는 것으로 설명된다. 이 단계에서의 학습 결과는 관계와 의사소통 향상을 위하여 협동 그룹에서 각 참가자의 책임감 인식하기 같은 가치 체계의 개념화 또는 경제적 이익과 사회적 공헌을 위해 학생이 필요로 하는 것을 만족시키는 진로 계획 개발과 같은 가치 체계의 조직화 형태를 취할 수 있다. 자신의 개인적 철학 구축과 명확한 표현을 포함하는 교육 목표가 이 범주에 포함된다. 균형을 위한 필요성 인식하기, 문제 해결에 계획 포함하기, 책임 받아들이기 또는 상대적인 장점과 도전 인식하기 등이 이 단계의 목표에 포함될 수 있다. 이 단계에서 이용될 수 있는 동사는 ~을 고수하다, 방어하다, 종합하다, 논의하다, 이론화하다, 공식화하다, 균형을 맞추다, 검토하다, 조정하다, 통합하다, 관련짓다 등이다.

특성짓기

특성짓기에는 생활방식과 개인적 가치 체계의 선택이 포함된다. 이 단계에서 학생의 태도는 일관성이 있으며 예측 가능하다. 이 단계의 결과에는 넓은 범위에 걸친 행동이 포함되며 개인적 철학과 일치하는 가치를 지속적으로 행하고 이러한 행동을 통해 자신의 가치를 보여 준다. 이 단계에서는 학생의 개인적 · 사회적 · 정서적 적응과 관련된 교육 목표가 적절하다. 자기 신뢰 보이기, 협동하기, 문제 해결에서 객관성 보이기 또는 자기 수양 나타내기 등의 목표가 포함될 수 있다. 이와 관련된 동사로는 행동하다, 전개하다, 영향을 주다, 자격을 주다, 질문하다, 해결하다, 입증하다, 봉사하다, 관리하다, 저항하다, 결심하다 등이 있다.

감정은 직접 측정될 수 없으며 사람의 감정과 마음가짐은 어떤 태도를 이끌어 내거나 통제하기 때문에, 이러한 범주 각각의 기준은 어떤 감정이나 마음가짐의 존재 혹은 부재에 초점이 맞추어진다. [그림 1]은 "오염 문제"를 기초로 정서적 분류학의 5단계를 사용하여 교수 시나리오를 구체화하고 이를 통한 정교한 진전을 예시하고 있다. 오염 문제는 현실 세계 문제를 기본으로 한 다른 어떤 학습 주제로도 쉽게 대체될 수 있다.

부가적으로 정서적 분류학의 각 단계는 질문하기 전략으로 쉽게 통합될 수 있다. 예를 들면, 이야기를 읽자마자 학생들이 분류의 모든 단계를 경험할 수 있도록 다음과 같은 질문을 할 수 있다(Sisk, 1987).

- 이 이야기의 마지막을 예상했습니까? (받아들이기-주목하기)
- 이 이야기의 어떤 부분이 가장 서스펜스가 넘쳤습니까? (반응하기-만족감과 동반되는 태도)
- 이 이야기의 교훈은 무엇이라고 생각합니까? (가치화하기-가치 부여 또는 감정적 수용)
- 주인공에 대한 초기 반응은 어떠하였습니까? 당신의 태도가 어떻게 변화되었습니까? (조직화하기-복합 가치의 순서가 정해진 관계)
- 만약 당신이 이 이야기의 주인공이라면 어떤 것이든 무엇을 다르게 행동했겠습니까? 이유가 무엇입니까? (특성짓기-개인적 철학과 일치하는 일반화)

[그림 1] 행동하는 정서적 분류

분류 단계	학습 결과	오염 문제 교수 시나리오
받아들이기	의식	교사가 오염을 사회 문제로 제시할 때 학생들은 단순히 단어와 재활용, 독성, 독극물, 쓰레기 또는 재생 가능한 자원과 같은 문제와 관련된 개념에 대해 의식하고 있다.
	기꺼이 수용하려 함	학생들이 주제에 흥미를 갖게 되어 기꺼이 오염에 대한 논의에 귀 기울이고 비디오를 시청하며 읽기 자료를 읽는다.
	선택된 주목	이 단계에서 학생들은 자신에게 제공된 읽기 자료 선택 목록 중에서 오염에 관한 자료만 선택적으로 읽는다. 그러나 여전히 오염에 대한 어떤 의견이나 입장도 갖고 있지 않다.
반응하기	반응에서의 소극적 동의	이 단계에서 학생들은 교사의 입장을 따르기 시작하지만 아직 어떤 문제 혹은 개인적 확신으로 자신만의 개인적 의견을 형성하였다고 단언하지는 않는다.
	기꺼이 반응하기	수업이 계속됨에 따라 학생은 동료 학생들에게 자발적으로 자신의 느낌을 기술하면서 오염에 반대하는 자신의 입장을 형성하기 시작했음을 암시할 수 있다.
	반응에서의 만족	나중에 그 학생은 필요할 때 자신의 입장을 방어하면서 자신의 입장을 강화시켜 나간다.

[그림 1] 행동하는 정서적 분류 (계속)

분류 단계	학습 결과	오염 문제 교수 시나리오
가치화하기	가치의 수용	이 단계에서 학생은 오염에 대한 자신의 입장을 내면화한다.
	가치에 대한 선호도	학생은 이제 환경을 보호할 필요성을 수용하고 필요한 지역을 위한 해결책을 계획하기 시작한다.
	헌신	이 단계에서 학생은 이 새로운 관점을 내면화한다. 타인의 의견 대신 자신의 신념이 행동을 지배할 것이다.
조직화하기	가치의 개념화	나중에 이 학생은 오염에 대한 자신의 입장과 사회적 혹은 정치적 관계 사이의 연관성을 발견하려고 할지도 모른다.
	가치 체계의 조직화	이것은 다루어진 환경 문제에 대한 개인적 관점을 인권과/혹은 보건의료 서비스와 같은 문제에 대한 견해로 조직화하는 결과를 낳을 수 있다.
특성짓기	일반화하기	결국 이 학생은 환경 문제와 깊은 관련이 있는 직업과 관련될 수 있다.
	내면화하기	자신의 개인적 삶에서 일하는 동안 자신이 증진시키는 신념에 따라 행동한다.

학생들은 이러한 질문을 통해 전체적인 정서적 영역을 경험하며, 이러한 질문은 더 높은 차원의 사고를 향상시키는 인지적 분류에 해당한다.

연구자들은 정서적 영역의 요소를 다소 상이하게 해석한다. 사회적 · 정서적 교육과 관련된 요소들에는 다음과 같은 것들이 포함되어 있다.

- 개별화된 가치 체계(Krathwohl, Bloom, & Masia, 1964)
- 마음가짐, 신념, 가치(Sellin & Birch, 1980)
- 흥미와 올바른 인식(Carin & Sund, 1978)
- 끈기, 독립심, 자아 개념(Levey & Dolan, 1988)
- 느낌, 감정 그리고 자아 및 타자에 대한 인식(Treffinger, Borgers, Render, & Hoffman, 1976)
- 사람들 간의 관계(Treffinger et al., 1976)
- 인도주의(Weinstein & Fantini, 1970)
- 호기심, 위험 감수하기, 복잡성, 상상력(Williams, 1970)
- 인격 및 리더십(Delisle, 2001)

사회적 · 정서적 교육과 연관된 요소들이 매우 많으므로 학교 교육과정에서 정서적 영역에 우선순위가 주어져야만 한다. 하지만 위기 혹은 공공연한 위협보다 중요함에도 학교에서는 전통적으로 학생들의 사회적 · 정서적 교육의 필요성에 거의 주의를 기울이지 않고 있다(Peterson, 2003). 지금은 표준화된 테스트와 내용 기준 책무성을 매우 강조하기 때문에, 정서적 영역에 대처하기 위한 전략을 포함시킬 필요성이 어느 때보다 더 커지고 있다.

사회적 · 정서적 교육이 필요한 이유

사회적 · 정서적 교육을 학교 교육과정에 포함하지 않는 이유에 대하여 많은 이론적 근거가 인용되고 있다.

- 정서적 영역을 위한 교육에 대한 전통적 관심의 부족(Tannenbaum, 1983)
- 감정은 학교가 아니라 가정에서 다루어져야 한다는 어른들의 태도(Elgersma, 1981)
- 주입에 대한 두려움(Bloom, Hastings & Madaus, 1971)
- 학교에서 학생의 인지적 요구를 만족시킨다면 사회적 · 정서적 발달은 자동적으로 이루어질 것이라는 입장(Mehrens & Lehman, 1987)
- 사회적 · 정서적 기능을 측정하기에 적합하고, 믿을 만하고 타당한 도구의 부족(Levey & Dolan, 1988)
- 성취해야 할 사회적 · 정서적 기능의 최적 수준에 대한 명료함

부족(Levey & Dolan, 1988)

- 학생들 사이의 건강한 정서적 발달은 자동적으로 이루어진다는 믿음(Blackburn & Erikson, 1986)

그러나 이러한 이론적 근거는 학생들의 사회적 · 정서적 문제가 언급되고 사회적 · 정서적 필요성이 충족될 때에도, 학생들이 여전히 개인적 잠재 능력을 계발하는 과정에서 성공을 촉진하기 위한 감정 조절이나 적절한 대처 기제 등의 문제에 직면하고 있다는 사실을 부인하고 있다(Roeper, 1995).

인지적 · 정서적 관련성

Williams(1969)는 창의적 잠재력을 발산시키고 동기를 증가시키기 위하여 인지적 영역과 정서적 영역을 통합할 필요성을 인식하였다. Williams가 제시한 교실에서의 인지적 · 정서적 태도 이행을 위한 모델(Model for Implementing Cognitive-Affective Behaviors in the Classroom)은 사실적 정보를 초월하는 특정한 구조화된 학습 경험을 통하여 인지적 영역과 정서적 영역을 연결하고, 이 두 분야에서의 창의적 사고를 강조한다.

이 모델의 기본 철학에는 학습이 진공 상태에서 일어나지 않는다는 개념이 포함되어 있다. 오히려 학생들의 감정과 느낌을 포함한 많은 요소들이 학습 과정을 형성하며 영향을 준다. 따라서 이 모델은 인지적 · 정서적인 연속성뿐만 아니라 수렴과 발산의 연속선상에서 작용한다. [그림 2]는 Williams가 인지적 · 정서적 연속체의 부분으로 판단한 여덟 개의 태도, 이것의 의미 그리고 예술의 내용 분야에서 이것이 어떻게 이용되는지의 예를 목록화한 것이다(Williams,

[그림 2] 인지적 · 정서적 연속체

인지적 · 지적		
유창한 사고	아주 많이 생각하기: 수량의 세대, 사고의 흐름, 관련성 있는 반응의 수, 허용 범위가 넓은 질문에 빨리 많은 대답을 하는 능력	이 그림에서 발견할 수 있는 다른 소재의 특이한 감촉은 무엇인가?
유연한 사고	다른 접근 방식 취하기: 다양한 아이디어, 범주를 뛰어넘는 능력, 사고의 방향 바꾸기, 시각을 쉽게 변화시키는 능력	이 화가는 검은색 캔버스에 흰색으로 그렸을까, 아니면 흰색 캔버스에 검은색으로 그렸을까?
독창적 사고	신기하거나 독창적인 방법으로 생각하기: 특이한 반응, 명석한 아이디어, 명백함과는 거리가 있는 생산성, 독특한 산출물 또는 사고를 만들어 내는 능력	이 화가는 어떤 이유에서 이 그림을 사진처럼 보이게 그렸다고 생각하는가?
정교한 사고	덧붙이기: 아이디어를 윤색하기, 좀 더 우아하게 만들기 위하여 단순한 아이디어나 반응을 멋지게 꾸미기, 사물이나 아이디어를 확장하기	이 그림의 어떤 부분은 아주 세밀하지만 다른 부분은 단순하다. 화가가 이러한 선택을 한 이유는 무엇일까?

정의적 · 감정적		
호기심	호기심 갖기: 탐구적이며 의아함을 느끼는 능력, 아이디어를 갖고 놀기, 난처한 상황에 개방되기, 사물의 신비함에 대하여 생각하기, 그저 어떤 일이 일어	초상화를 그리기 전에 초상화의 인물이 좀 더 잘 갖춰 입도록 하지 않은 이유는 무엇일까?

[그림 2] 인지적 · 정서적 연속체 (계속)

정의적 · 감정적		
호기심	나는지를 보기 위해 특별한 예감 따르기	
모험하기	도전 받아들이기: 실패 또는 비난에 기꺼이 노출되기, 추측하기, 구조화되지 않은 상황에서 직분을 다하기, 자신의 아이디어를 방어하기, 표면적으로 모호한 상황에서 추측하고 실패의 위험을 감수하는 용기	자신이 발굴지에서 이 그림을 우연히 발견한 21세기의 고고학자라고 가정하자. 이 그림을 보고 그림이 그려졌던 세기의 문화에 대하여 어떤 추측을 할 수 있나?
복잡성	기꺼이 …하려 함: 많은 대안을 찾으려는 능력, 사물이 어떻게 존재하는가와 어떻게 존재할 수 있었나 사이의 차이 이해하기, 혼돈에서 질서 찾기, 복잡한 문제나 아이디어 탐구하기, 도전과 아이디어, 문제 그리고 해결책에 대한 사랑	이 화가가 이런 평범한 사람을 이렇게 커다란 화폭에 담은 이유는 무엇일까?
상상력	…할 힘을 갖는 것: 정신적 이미지를 시각화하고 구축하는 힘, 결코 발생한 적이 없는 것에 대해 꿈꾸기, 직관적으로 느끼기, 세속적이고 실질적인 한계를 넘어서기, 이미지, 아이디어 그리고 해결책을 만들어 내기 위하여 자신의 모든 감각을 사용하는 능력	이 그림 속 인물은 무슨 생각을 하고 있을까? 그 사람은 어떤 종류의 사람일까?

1970; Rogers, 1985).

Williams의 모델은 규정짓기 어려울 수 있는 정서적 태도를 정의하는 데 도움이 된다. 덧붙여, 이 모델은 허용 범위가 넓은 학습환경과 정서적이고 인지적인 분류를 도와주는 질문 테크닉을 강조한다 (Maker & Nielson, 1995).

교실 학습환경을 위한 사회적 · 정서적 전략

교실 분위기가 편안하게 조성되면 학생들은 훨씬 더 기꺼이 자신의 통찰을 공유하고자 한다. 보복당할 두려움 혹은 부정적인 것이 느껴지는 분위기보다는 수용적이며 각 개인이 책임을 다하려는 분위기가 학생들이 모험을 하고 개인적으로 반성을 할 수 있는 안전한 피난처를 제공한다. 개방적이고 민주적인 분위기는 비평적이고 창의적인 사고의 발달과 상당히 관련되어 있고, 따라서 그러한 분위기가 조성되어 있는 교실은 학습을 향상시킨다는 연구가 계속 나오고 있다 (Green, 2004).

지침 설정하기

그러한 분위기의 교실환경을 조성하기 위한 한 가지 방법은 교실 내에서 사용될 지침을 연구하고 이를 발달시키는 것이다. 교실 내에서

[그림 3] 부정적 진술문을 긍정적 지침으로 바꾸기

부정적 진술문	긍정적 진술문
비난하지 말라.	긍정적이고 건설적인 피드백을 제공하라.
순서가 아닐 때 말하지 말라.	다른 사람을 존중하며 판단을 잘하라.
부정 행위를 하지 말라.	학교의 학문적 정직성과 관련된 정책을 고수하라.
지각은 허용되지 않는다.	시간을 잘 지킴으로써 자신의 학습에 대한 책임 의식을 보여 줘라.

사용될 일련의 규칙과 결과를 교사가 지시하지 않고, 학생들이 공개 토론회를 개최하여 어떤 종류의 태도가 그들 각자의 학습을 성공시키거나 손상시키는지에 대하여 토의하도록 할 수 있다.

학생들이 수용할 수 있는 태도와 그렇지 못한 태도에 대하여 브레인스토밍하도록 하라. 브레인스토밍한 항목들을 긍정적으로 기술된 일련의 교실 지침에 관련시키고 재구조화하라([그림 3] 참조). 그러고 나서 설정된 지침을 지키지 않을 때 생기는 결과에 대하여 똑같은 과정을 밟아라. 그렇게 함으로써 학생들은 교실 공동체의 지침과 결과에 있어서 "이해 당사자"가 될 것이다. 따라서 학생들이 자신의 처신에 대하여 스스로 책임져야 한다는 것은 놀라운 일이 아니다.

인격 교육

교사는 긍정적인 성향의 모델링을 통해서뿐만 아니라, 일상적인 교육과정 내용에 나타나 있는 그러한 특질의 통합을 통해서도 학생들이 인격을 발달시키도록 도울 수 있다.

예를 들어 관용, 정의, 평등, 정직 같은 인격과 관련된 주제로 문학 교과서에 제시된 정선된 항목을 재그룹화하라. 예를 들자면, 『당신은 무엇을 대표하는가? 인격 형성을 위한 어린이 지침서(What Do You Stand For? A Kids' Guide to Building Character)』(Lewis, 1997)에는 그러한 주제를 다루고 있는 방대한 양의 발췌물이 있는데, 여기에 있는 복사 가능한 학습지를 교실에 도입하여 토론을 향상시키는 데 도움을 줄 수 있다. 학생들이 각각의 주제를 정의 내리고, 각 주제와 관련된 태도가 어떻게 보이는지 묘사하도록 하면서, 그리고 현재의 사건 또는 일상적인 활동 속에서 작용하고 있는 인격적 특질의 보기를 제시하도록 하면서 읽기 전 활동으로 사용하라. 만약 내용 분야의 범위와 연속성에 융통성이 충분히 없어서 재구조화를 할 수 없더라도, 선택 분야 각각을 토론할 때 긍정적인 인격 주제가 밝혀진다는 것을 확신하라.

국어뿐만 아니라 사회(예를 들면 정당성, 충절), 과학(예를 들면 윤리, 정직), 체육(예를 들면 협동, 공정함)의 단원에서도 인격과 관련된 주제를 찾을 수 있다. 선택한 주제([그림 4] 참조)를 예증하는 현재의 사건 또는 문학작품(픽션 또는 논픽션)을 사용하여 채택된 교과서를 보충하라. 작업량이 너무 많아 엄두가 나지 않는다면, 학생들이 인격 주제를 확장할 수 있는 적용 가능한 현재의 사건이나 문학작품을 찾는 연구를 수행하게 하라.

[그림 4] 인격 주제 통합

내용 분야	상황	인격 주제	현 사건	문학작품 적용
사회	대륙 횡단 열차의 발달	협동	EU, 재앙적 상황에서의 조직 간 협동	Margaret Mahy의 『행진(The Procession)』, Allen Morgan의 『니콜의 배(Nicole's Boat)』, William Golding의 『파리 대왕(Lord of the Flies)』
과학	실험적 절차	윤리	복제, 관행 시험, 기업 윤리	Daniel Keyes의 『알제논을 위한 꽃(Flowers for Algernon)』, Robert O'Brien의 『프리스비 여사와 NIMH의 쥐(Mrs. Frisby and the Rats of NIMH)』, Todd Strasser의 『파도(The Wave)』
수학	일 및 결과 검토	책임감	미국 원주민 영토 문제, 수용소에 갇힌 일본계 미국인을 위한 보상금	Bill Cleaver의 『백합이 핀 곳(Where the Lilies Bloom)』, Vera Cleaver의 『모의 반역(The Mock Revolt)』

[그림 4] 인격 주제 통합 (계속)

내용 분야	상황	인격 주제	현 사건	문학작품 적용
외국어	문화 연구	관용	이민 정책, 인종적인 인물 소개	Taro Yahima의 『흑인 소년(Crow Boy)』, Bette Greene의 『내 독일 병사의 여름(Summer of My German Soldier)』, Elizabeth George Speare의 『찌르레기 연못의 마녀(The Witch of Blackbird Pond)』
체육	게임이나 스포츠 규칙	공평 또는 정당	저작권 침해, 주식 거래 관행	Harper Lee의 『흉내지빠귀 죽이기(To Kill a Mockingbird)』, Mildred Taylor의 『우물: 데이비드의 이야기(The Well: David's Story)』, Virginia Hamilton의 『다이즈 드레어의 집(The House of Dies Drear)』

학습 스타일

교사가 학생의 학습 스타일을 잘 알고 있는 것은 매력적이고 안락한 교실 분위기 조성뿐 아니라 교사 자신의 교수 스타일을 더 잘 적응시

[그림 5] 학습 스타일: 특질, 전략, 활동 제안

학습 스타일	특질	전략	활동
시각적	제스처와 얼굴 표정을 보면서 학습, 시각적 방해물을 피하고자 교실 앞에 앉는 것을 좋아하는 경향, 그림으로 생각하기, 읽고 쓴 것을 기억하기	그림, 차트, 그래프 사용하기, 형광펜 사용하기, 그래픽 조직도를 갖고 설명하거나 사용하기, 대중매체 편입하기, 글로 쓰여진 작품을 가능한 한 시각적으로 호소력 있게 만들기	다이어그램, 그래프, 사진, 포스터, 콜라주, 게임, 신문, 지도, 차트, 도해, 전시(진열), 만화, 하이퍼미디어, 프레젠테이션, 퍼즐, 게시판
청각적	인토네이션, 가락 그리고 말하는 속도를 통한 의미 해석으로 학습하기, 강연, 토론, 구두로 문제 해결하기, 다른 사람들의 관점에 대하여 귀 기울이기를 좋아함	관점과 질문을 바꾸어 말하기, 음악, 음향 효과 등의 형태로 대중매체를 편입하기, 소리 내어 읽기, 중요한 점을 강조하기 위하여 스토리텔링 이용하기	구두 보고, 프레젠테이션, 패널 토론회, 음악 연주회, 토의, 노래, 말로 하는 게임, 보여주고 말하기, 동료 가르치기, 시범 보이기
운동감각적	움직이고 행동하고 만져 보면서 학습하기, 학습자 주변 물질 세계를 탐험하기 위하여	빈번한 휴식 허용, 메모하도록 격려, 새로운 학습 자료를 배우는 동안의 움직임 지지, 블록,	조사, 시범, 몸으로 하는 게임, 현장체험 학습, 역할극, 인터뷰, 제스처 게임/무언극,

[그림 5] 학습 스타일: 특질, 전략, 활동 제안 (계속)

학습 스타일	특질	전략	활동
운동감각적	즉각적인 접근 선호, 초점을 맞추기 위해 움직임이 필요할 수 있음, 무엇을 어떻게 하였는지를 기억하는 운동 기억력 소유	막대 등의 사용	칠판을 활용한 활동, 플래시 카드, 실험실, 수집, 학습 동아리, 컴퓨터

키도록 도와준다. [그림 5]는 세 개의 기본적 학습 스타일 각각에 적합한 학습 활동과 일반적인 교수 전략을 제공한다. 학생들이 청각적 자극, 시각적 자극, 운동감각적 자극 중 어떤 것을 선호하는지 결정하기 위해 학습 스타일 목록을 완성하게 한다. Solomon과 Felder (2004)는 사우스다코타 대학교(University of South Dakota)(http://www.usd.edu/trio/tut/ts/style.html)처럼 즉시 점수화할 수 있는 학습 스타일 목록 온라인 판을 제공하고 있다(http://www.engr.ncsu.edu/learningstyles/ilsweb.html). 또는 학생들의 상대적인 강점과 약점을 확인하기 위하여 다중지능(MI; Gardner, 1983) 설문지 중 하나를 완성하게 하는 것도 좋다.

학습장애를 위한 자원 공동체 웹(The Learning Disabilities Resource Community Web) 사이트(http://www.ldrc.ca/projects/miinventory/miinventory.php)는 지배적 특질에 관하여 온라인상으로

구체적인 정보를 주는 다중지능 목록을 제공한다. 이 사이트는 영어와 스페인어로 인쇄할 수 있는 목록도 제공한다. [그림 6]의 목록에는 교실에서 학습자의 상대적 강점을 보여 주는 모든 분야의 지능과 관련된 기회를 학습자에게 제공하기 위해 단원에 편입되기에 적합한 학습 활동이 제안되어 있다.

학생들의 강점에 주목하고 더불어 다른 분야의 개발을 도와줌으로써 교사는 더 많은 학생들의 편의를 도모하고, 학생들에게 더 많은 성과와 문제 해결을 기대할 수 있다(Green, 2004).

흥미 목록

학생들의 흥미를 발견하면 교사는 각 학생의 개인적 요구를 충족시키기 위해 교육과정과 프로젝트를 맞춤형으로 할 수 있다. 그렇게 함으로써 교사는 자신이 책임지고 있는 학생들을 지도함에 있어 반드시 정해진 교육과정에 의해서만 운영하는 것이 아니라 보다 융통성 있게 교육과정을 운영할 수 있다.

학생들에게 방과 후 무엇이 하고 싶은지, 어떤 운동을 즐기는지, 가장 좋아하는 만화 주인공이 누구인지, 그들 인생에서 가장 중요한 사람이 누구인지, 가장 좋아하는 과목과 가장 싫어하는 과목이 무엇인지 등을 질문하면서 자신만의 흥미 목록을 개발하게 할 수 있다. 이러한 정보를 활용하여 과제를 맞춤형으로 제시하고, 학생들의 프로젝트와 연구 주제 선정을 도와주며, 시험의 읽기 흥미 수준을 신장시키기 위한 시험 문제를 만들고, 학생의 흥미에 관련된 교실 장식물

[그림 6] 다중지능을 위하여 제안된 학습 활동

지능	제안된 학습 활동
언어적	작가 워크숍, 일기, 토론, 스토리텔링, 알파벳 순으로 하기, 문학 동아리, 창작작품 쓰기, 교실 토론
논리적 · 수학적	예상하기, 벤 다이어그램, 조사, 연구 프로젝트, 순차적 배열, 컴퓨터, 실험, 개요 작성하기
시공간적	삽화로 설명하기, 영화 만들기, 지도된 심상, 마인드맵, 지도 만들기, 만화, 벽화, 콜라주, 그래프화하기, 그래프화한 조직도
신체 · 운동감각적	스캐빈저 게임(scavenger hunts), 연기하기, 건축하기, 공예, 실험, 모의 실험, 블록, 막대기, 컴퓨터, 무언극, 역할극
음악적	시 쓰기, 교양 음악, 노래하기, 음악 게임, 음악에 맞추어 그림그리기 또는 글쓰기, 리듬에 맞춘 패턴
개인 간	인터뷰하기, 교실 토론, 문제 해결, 그룹의 규칙 만들기, 그룹 이야기 쓰기, 다른 사람 가르치기, 공유하기, 협동 활동
개인 내적	일기, 자기 반성, 개별화한 비교, 자서전, 목표 설정, 심상, 독립 프로젝트
자연 친화적	분류하기, 수집하기, 분석, 패턴 개발 또는 찾기, 실생활 응용, 자연 시뮬레이션, 문제 해결하기
실존적	철학, 전체적인 사고 기술, 자기 반성, 명상, 지도된 심상, 봉사학습 프로젝트

을 개발하는 것도 바람직하다.

Renzulli(1977)는 Interest-A-Lyzer라는 상업적으로 이용할 수 있는 흥미 목록을 개발하였는데, 이것은 학생이 자신의 흥미 및 잠재적 흥미를 더 잘 알 수 있도록 대답에 제한이 없는 질문을 사용한다. 예를 들어, 이 도구에 있는 한 항목은 다음과 같은 시나리오를 제시한다—언젠가 잘 알려진 책의 유명한 저자가 될 거라고 가정하자. 그 책은 어떤 종류(역사, 과학, 소설, 패션 등)이며 내용이 무엇일까? 그러고 나서 학생은 그 책의 제목을 지어야 한다. Interest-A-Lyzer가 소개된 후, Renzulli는 초등학교와 중등학교 학생용을 포함하여 어른들도 활용할 수 있는 전문화된 흥미 목록(Renzulli, 1997)을 만들었다. 또한 초등학교 4학년 학생부터 고등학교 3학년 학생까지 그들의 예술적 미 측정을 위해 설계된 도구와 초등학생을 위해 설계된 별도의 도구도 만들었다.

Campbell 흥미 및 능력 조사서(Campbell Interest and Skill Survey; Campbell, 2000)와 Strong 흥미 목록(Strong Interest Inventory; Strong, 1994)을 포함한 대부분의 다른 상업용 흥미 목록은 명확히 직업적 또는 경력 중심적 경향을 띠고 있다. 이러한 종류의 목록은 종종 학생들의 직업 계획을 돕기 위하여 학교 상담교사들이 사용하고 있다.

그룹을 위한
사회적 · 정서적 전략

학문적 교육과정 상황에서 정서적 영역을 이야기하는 것이 꼭 어려운 일만은 아니다. 정서적 영역을 언급하는 전략이 학생들의 일상적인 교육과정과 활동 속에 편입되어 들어갈 수 있다. 그러한 전략은 내용 분야에서 개인적으로 이용되거나 다양한 전략이 특정한 정서적 측면(예를 들면, 자기 인식과 영재성 탐험)에 초점을 맞춘 단원 전체를 형성하기 위하여 연결될 수도 있다. 그러나 많은 사회적 · 정서적 전략은 마음가짐, 발달, 그리고 교사의 편안함의 정도에 매우 의존한다는 사실에 주목해야 한다.

독서요법

독서요법은 문학작품을 활용하여 개인 문제를 이해하고 이의 해결을 돕는 것이다(Frazier & McCannon, 1981). 많은 영재 학생들은 보

[그림 7] 독서요법 가이드 샘플

도서명: L'Engle, M.(1962). 『시간의 주름살(A Wrinkle in Time)』. 뉴욕: 델

수준: 초등학교 고학년, 중학교

주인공

Meg Murray: 자신의 외모와 능력에 대해 불안하고 사회적으로 미성숙한, 특히 자신의 행동에 대해 책임을 지지 않으며, 매우 지적이지만 눈치 없는 미성취의 고등학생

Charles Wallace Murray: Meg과 어머니에게 강한 개인적 유감을 갖고 있는, 매우 지적인 Meg의 다섯 살짜리 남동생으로 신비할 정도의 감정이입과 활력을 보이며 자신의 명석함을 숨긴다.

Calvin O'Keefe: Meg이 다니는 고등학교의 인기 운동선수로 매우 지적이지만 진정한 자신의 모습으로 받아들여진 적이 없다고 느낀다.

Mr. & Mrs. Murray: 명석한 과학자(각자 물리학자, 실험 생물학자)로 자신의 아이들에게 학습과 독립성에 대한 열망을 가르치고자 한다.

Sandy & Dennys Murray: Meg과 Charles Wallace의 쌍둥이 형제로 운동을 잘하며 학교에서 인기가 있다.

주제: 이 영화에서는 선과 악의 싸움 그리고 궁극적인 사랑의 승리라는 전형적인 주제가 되풀이되고 있다. 또한 Meg이 자신의 아버지를 찾기 위한 탐험을 끝내면서 배우게 되는 인생의 교훈을 통하여 부가적인 주제를 만나게 된다. 여기에는 순응이라는 바람을 극복하는 것과 자신만의 독특함을 인식하는 것이 포함되어 있다—한 사람이 모든 것을 다 알 수 있는 것은 아니라는 것을 깨닫고 수용하기, 말이 부적절할 때조차 의사소통의 중요성을 이해하기.

독서요법에서 활용하기 위한 제안

영재성을 이해하기: Charles Wallace는 자신이 다르다는 것을 깨닫는다. 그는 지적으로 영재성이 있는 반면에 자기 반의 다른 소년들이 보이는 신체적 능력은 부족하다.

[그림 7] 독서요법 가이드 샘플 (계속)

1. 학생들에게 비동시적 발달이 무엇인지 정의하게 하고, 그러한 것을 경험하였을 경우 그 예를 제시하게 하라.
2. 지적으로 영재성이 있는 아이의 특징에 대하여 학생들이 브레인스토밍하게 하라. 그런 후 Murray 아이들과 Calvin O'Keefe 각각에 대한 차트를 만들고, 그들의 영재성을 나타내는 증거를 책에서 찾아 표시하라.
3. Charles Wallace의 다음 인용문에 대해 학생들이 논평하게 하라. "내가 어떻게 읽는가를 배우게 된다면 나의 내년 학교생활은 더 끔찍해질 거라는 두려운 예감이 든다. 사람들이 내가 별로 영리하지 않다고 계속 생각하는 것이 훨씬 더 낫다고 생각한다. 그들은 그렇게 많이 나를 싫어하지는 않을 것이다." 이 인용문에 표현된 것처럼 Charles Wallace가 느끼는 식으로 학생들이 느낀 적이 있는가? 그것과 싸우기 위하여 어떤 대처 기술을 사용하는가?

재능의 소유자: Meg, Charles Wallace, Calvin은 모두 순응과 함께 다른 사람들이 그들에게 기대하는 것을 다루어야 하는 문제를 갖고 있다.

1. 다른 사람과 같아지기 위하여 학생들이 직면하는 압력에 대하여 논의하거나 일지를 쓰게 하라. 그러고 나서 압력에 대항하여 싸우기 위해 사용될 수 있는 대처 기술에 대하여 브레인스토밍하거나 논의하라.
2. 콜라주, 시 또는 몇몇 다른 형태의 개인적 표현을 사용하여 자신을 특별하게 만드는 자신의 독특한 능력을 설명하라.

편적인 경험, 카타르시스 그리고 통찰과 확인을 통한 독자와 이야기 사이의 상호작용을 매력적으로 느낀다(Nugent, 2000). 자신의 강점을 개념화하고 일반화할 수 있는 능력이 있는 영재 학생들은 종종 독서요법을 사용한 읽기를 통해 성공한다(Adderholt-Elliot & Eller,

1989). 이것은 교사, 부모, 상담원 그리고 영재 학생들이 사용할 수 있는 가장 효과적인 사회적 · 정서적 전략 중 하나이다(Silverman, 1993).

책이나 짧은 이야기를 잘 선택한 후, 학생이 그 책과 독서요법 과정을 이해하고 내면화할 수 있도록 지도된 탐구적 질문과 활동을 개발하라. [그림 7]이 제시하는 것과 같이, 독서요법에 앞서 활동을 계획하는 것은 지도된 토론 혹은 구성된 활동들이 짜임새 있게 진행되도록 해 준다. 교육과정에서 사용된 단편소설이나 장편소설이더라도 제시된 주제 혹은 문제에 따라 독서요법으로 활용될 수 있다.

영화요법

독서요법과 같이 영화요법도 관람자가 특정한 문제를 검토하기 위하여 영화라는 매체와 상호작용을 하는 것이다. 영재 학생들의 사회적 · 정서적 요구 사항을 언급하기 위하여, 주연이든 조연이든 간에 영재성이 있는 인물을 묘사하는 영화를 활용하는 것이 영재 교육 분야에서 몇몇 논문의 초점이 되고 있다(Nugent & Shaunessy, 2003). Milne와 Reis(2000), Hébert와 Neumeister(2001) 그리고 Newton (1995)은 학생들이 영재성을 이해하고 대처하도록 돕기 위하여 교사들이 효과적으로 영화를 사용할 수 있다는 것에 동의한다. [그림 8]은 특정한 사회적 · 정서적 문제를 제시하는 방법으로 교실에서 영화 장면을 어떻게 활용하는지를 보여 주는 견본이 될 만한 계획서이다. 영화 장면을 선택할 때, 교사는 어떤 사회적 · 정서적 특징을 목표로 교육할 것인지를 알고 있어야 한다. 독서요법과 마찬가지로, 교육과정에서 사용되는 단편소설이나 장편소설을 영화화한 것에서 선택한 장면은 영화요법적 전략에 적용될 수 있다.

예술 통합

교실이 아무리 매력적이고 비위협적이어도 때때로 어떤 영재 학생들은 자신의 사회적 · 정서적 필요를 말하는 것이 편하게 느껴지지 않을 수 있다. 또 어떤 영재 학생들은 언급할 사회적 · 정서적 문제를 갖고 있다는 것을 인지적으로 깨닫고 있지 못하기 때문에 이를 구두로 표출하도록 하는 정서적 활동에 대해 학생들은 당황하게 된다.

예술을 내용 분야 활동에 통합하는 것은 언어 전략이 비효율적일 때 또는 언어적 활동에 동반되는 것으로, 영재 학생들의 정의적 영역에 접근하기 위하여 사용될 수 있는 한 방법이다. 특히 콜라주의 사용은 정서적 출구로 사용될 수 있는 창의적 활동에 모든 예술적 능력 수준의 학생들이 참여하도록 허용하는 전략 중 하나이다.

예를 들어, 실제 대 이상에 대한 토론은 정당함을 다루는 단원의 수업 중 전개된다. 버려진 잡지를 사용하여 한편에 무엇이 있어야 하고 다른 한편에는 또 무엇이 있어야 하는지를 묘사하는 개별적인 콜라주를 만들라고 학생들에게 요구할 수 있다. 자신의 콜라주 속에 포함시키기 위하여 학생들이 선택한 그림은 그들의 토론보다 실제와 이상에 관한 인식에 대하여 더 많은 것을 밝혀 줄지도 모른다. 콜라주를 완성하자마자, 학생들에게 자신의 작업과 같은 반 친구들의

[그림 8] 샘플 영화 장면 사용법 가이드

영화: Van Sant, G. 감독의 〈Forrester 찾기(Finding Forrester)〉(2000년, 미국 콜롬비아 픽처스 영화사 작품)

영화 등급: 간결한 강한 언어와 몇몇 성적 언급 때문에 부모 동행 필요(13세 이하)

주연

Jamal Wallace(Rob Brown): 자신이 살고 있는 뉴욕에서 친구들과 농구를 즐기며, 지적으로 영재성이 있으나 이를 숨기기를 더 좋아하는 흑인 미국인 고등학교 학생

William Forrester(Sean Connery): 유명한 작가였다가 은둔자가 되었고, Jamal과 친구가 되어 그가 글을 쓰고 자기 발견을 하도록 돕는다.

요약: Jamal Wallace는 농구에 재능이 있고 글쓰기에 천재성을 갖고 있는 브롱스가 출신의 대도시 저소득층 출신 아이이다. 항상 C를 받는 학생이지만 표준화 시험에서 높은 점수를 받는 것이 계기가 되어 뉴욕시의 명성 있는 사립학교의 주목을 끌게 된다. 새 학교에서 엄청난 양의 수업량이 부과되었을 때 Jamal은 학교가 자신을 받아들인 진짜 이유가 농구 코트에서의 훌륭한 솜씨 때문이라는 것을 알게 된다. 동료 학생인 Claire와 친구가 되고 퓰리처상 수상 작가이자 은둔 생활을 하고 있는 William Forrester의 도움을 받아, 그는 혹독한 문학교사 때문에 겪게 되는 여러 문제들을 극복하고 코트 안과 밖에서 자신의 꿈을 추구한다. Jamal은 Forrester에 의해 발전하면서 그도 또한 Forrester가 자신의 과거와 미래에 직면하도록 도와주면서 그 나이 든 작가를 변화시키고 있다는 것을 알게 된다.

주의: S. Nugent & E. Shaunessy가 *Roeper Review*지 25호(2003, p. 128-134)에 쓴 "교사 교육에서 영화 이용하기: 다른 렌즈로 영재아 바라보기". Roeper Institute가 저작권 소유. 허가받은 후 게재 가능

[그림 8] 샘플 영화 장면 사용법 가이드 (계속)

관계되는 장면과 활용 제안

순응과 재능 숨기기: Jamal의 어머니가 아들의 표준화 시험 결과에 대하여 논의하기 위해 영어교사와 만나는 장면에서, 점수가 보여 주는 것과 Jamal의 학교에서의 태도와 집에서의 태도 사이에 차이가 있다는 것을 알게 된다. 그는 친구들과 잘 지내기 위하여 자신의 지능을 숨기는 경향이 있으나 집에서는 엄청나게 책을 읽으며 글을 쓴다.

1. 순응하기 위하여 각 학생이 자신의 재능을 숨겼을 때를 토론 또는 일지 쓰기를 통하여 공유하라. 순응의 상황과 미래에 사용될 수 있는 대안적 대처 기제에 대하여 논의하라.
2. 잠재성이라는 용어를 정의하라. 자신의 잠재성이 사회에 어떻게 공헌하리라고 느끼는지를 토의, 글쓰기 또는 예술적 창조를 통하여 학생들이 공유하게 하라. 학생들이 자신의 잠재력 성취를 돕도록 목표 설정 전략을 논의하라.

감정이입과 권위에 대한 도전: Jamal은 수업시간에 난처한 친구를 변호하기 위해 영어교사의 문법적 오류를 지적하고 영어교사와 인용구 대결을 벌이게 된다. 이러한 장면을 보여 준 후, 수업 중 학생들로 하여금 효과적이지 않은 교수법에 대하여 토론하고, 그것이 왜 비효과적인지 이유를 분석하게 하라. 그러고 나서 부적절한 교수 방법에 직면하였을 때 학생들이 사용할 수 있는 대처 기술을 제시하거나 논의하게 하라.

고정관념화하기: Jamal이 에세이 시험에서 부정 행위를 했다고 비난받는 장면을 본 후 선입견에서 고정관념의 역할에 대하여 논의하라. 선입견의 뿌리는 무엇인가? 우리는 어떻게 선입견과 싸울 수 있을까?

작품에 대하여 관찰한 바를 공유할 기회를 주어라. 학생들이 완벽주의, 신체 이미지 그리고 다양한 잠재력과 같은 이상과 실제를 양립시키고 적용할 수 있는 정서적 측면에 대하여 결과를 보고하게 하라.

개인을 위한 사회적 · 정서적 전략

초인지 습관을 발전시키기 위해서는 연습이 필요하다. 직접교수, 모델링, 연습 등을 이용하여 학생이 그러한 태도를 직관화, 내면화, 강화하도록 도와주고 이를 통해 학습을 증진시킬 수 있다. 그러한 전략을 효과적으로 이용하는 것은 또한 능력이 더 많은 학생과 그렇지 않은 학생 사이의 주요한 차이점 중 하나이기도 하다.

자기 이해

자신의 잠재력에 도달하여 자아실현을 하기 위하여, 영재 학생들은 자기 자신과 자신의 능력, 상대적인 강점과 약점을 이해할 필요가 있다. 자기 발견을 시작할 방법 중 하나는 학생 질문지를 사용하는 것이다. 많은 교사들이 학년 초에 자신의 학생들과 그들의 흥미를 파악하기 위하여 이러한 질문지와 목록을 사용하고 있으며, 학생들의 토론을 활성화시키기 위해서도 사용하고 있다. 하지만 이러한 도구는 또한 이미 사용 중이거나, 혹은 교육할 필요가 있는 대처 전략을 위해 활용하거나 숙고하는 태도와 초인지적 태도를 증진시키기 위해서도 사용할 수 있다. 학생들이 다양한 반응을 보일 수 있는 기술문을 완성하게 하라([그림 9] 참조).

[그림 9] 열린 반응 양식

다음 진술문이 사실이 되도록 다음 빈칸을 완성하라. 각 진술문을 읽은 후 자신의 첫 번째 직감적인 반응을 써라.

1. 나는 ________________________________한 이유를 모른다.
2. 아무도 나를 도와주지 않는다면 ________________________.
3. 몇몇 선생님들께서 ______________________________.
4. 내가 결코 ______________________ 하지 않을 것을 희망한다.
5. ______________________________할 때 나는 무척 화가 난다.
6. __________________________________할 때 나는 행복하다.
7. 대부분의 사람들은 ____________________________을 모른다.
8. 나는 ______________________________________에 지쳤다.
9. 나는 ______________________________________를 잘한다.
10. 나는 ____________________________________라고 믿는다.

봉사학습

강한 정서적 집중과 사회적 문제에 대한 민감성은 많은 영재 학생들이 공유하고 있는 사회적 · 정서적 특징 중 하나이다(Clark, 2002). 학생들이 이러한 감정에 대처하는 방법은 사전 대책을 강구하고 자신이 지원하기로 선택한 것(예를 들면 노숙자, 노인 돌보기, 오염)에 대하여 "무언가를 하는 것"이다.

봉사학습은 이러한 사전 대책 강구 조치를 교육과정 속에 편입시키는 방법이다. 봉사학습이라는 것은 학생들의 학문적 교육과정에 지역사회의 요구를 반영하고, 학생들은 이러한 요구를 충족시키기 위하여 사려 깊게 조직화된 봉사 경험에 적극적으로 참여하면서 배우고 발달한다. 이 학습은 학생들이 봉사 활동을 하는 동안 자신들이 하고 본 것에 대해 생각하거나, 말하거나, 쓰고 새롭게 얻은 기술과 지식을 실제 상황에서 사용하도록 시간을 조직하여 제공하는데, 그렇게 함으로써 자신이 학교에서 배운 것을 증진시키고 교실 외부로 그것을 확장시킨다(Belbas, Gorak, & Shumer, 1993). 봉사를 통한 학습의 이점은 학생, 학교 그리고 지역사회를 포함하기 위하여 교실을 훨씬 벗어나 확장된다는 것이다. 다른 학습과 차별화되는 점은 많은 영재 학생들을 위한 필요성인데, 이것은 영재 학생들이 사회와 환경에 대해 몹시 마음 아파 하면서 어깨에 세계의 무게를 짊어지고 있기 때문이다. 그들은 봉사학습을 통해 누군가에게 도움을 줄 기회를 갖게 된다. 또한 봉사학습 활동은 범위가 넓기 때문에, 영재 학생들은 봉사를 통해 자신이 갖고 있는 창의성을 발휘할 가능성과 경험에 종종 열광한다.

정서적 영역에서의 협동과 연관성

교실에서 정서적 영역이 언급될 때, 교육의 초점은 근본적으로 교사 중심에서 학습자 중심 환경으로 이동한다. 교사가 수업에서 지식 전달보다 촉진자로서의 역할을 떠맡을 때, 도와주는 직업으로서의 교수의 구성 개념이 강화된다(Robertson, 2000). 대부분의 교사는 전문적인 상담사는 아니지만 거의 매일 "상담자" 역할을 한다. 하지만 정서적 영역을 다룰 때 발생할 수 있는 문제를 해결할 수 있도록 교사가 준비되어 있지 않거나 필요한 것이 갖추어져 있지 않을 수도 있다. 그러므로 학교 상담원, 학교 심리학자, 치료사 그리고 특별 이익단체로 협동적 지원 체계를 구성하고 이를 활용할 수 있도록 하는 것이 바람직하며, 이를 통해 정신건강 문제가 적절하게 다루어질 수 있다.

미국 공중위생국장은 정신건강이란 생산적 활동을 야기하고 다른 사람들과의 관계를 충족시키는 정신적 기능의 성공적 수행이며, 변화에 적응하고 역경에 대처하는 능력이라고 정의하였다(U.S. Department of Health and Human Services, 1999). 아주 어린 시절부터 인생 후반기까지, 정신건강은 사고와 의사소통 기술, 학습, 정서적 성장, 복원력, 자긍심의 출발점이다. 종종 정신건강이 언급될 때 정신적인 건강보다는 정신병이라는 개념이 먼저 떠오른다. 그러나 성공적으로 과업을 수행하기 위해서는 무엇보다 정신적으로 건강해야 한다는 사실을 인식하지 못한 채 학생들은 학교, 직업, 관계, 운동 분야의 성공에 관한 엄청난 양의 메시지에 노출되고 있다(U.S. Department of Health and Human Services).

사회적 · 정서적 교육이라는 상황하에서 공중위생, 정신건강 그리고 교육기관 간의 협동은 학생들의 정신적 건강을 향상시키기 위한 기회를 제공할 수 있다(Association of State and Territorial Health Officials, 2002). 성공적인 협동은 다음을 포함한다.

- 학교 또는 근교 시설, 장비, 자원의 공동 사용
- 증진된 학교 안전
- 기금 모금 및 지원금 수령을 위한 노력
- 서명 활동
- 도움, 무료 서비스, 모니터링, 훈련 제공을 위한 전문가 및 비전문 자원봉사자 확보
- 정보 공유 및 보급
- 상호 간의 지원망 구축 및 제공
- 프로그램과 서비스의 기획, 실행, 평가에 대한 책임 공유
- 하부 조직 구축 및 유지
- 지역사회 서비스, 인턴십, 직업, 레크리에이션 그리고 이것을

강화하기 위한 기회의 확장

- 홍보 강화
- 함께하는 축하
- 공동체 의식 구축(Taylor & Adelman, 2000)

이러한 협동이 논리적으로 보이기는 하지만, 성공하기 위해서는 학교, 지역사회, 기관 수준의 지원적 행정 정책이 적재적소에서 실시되어야 한다.

개인적 단계에서 교사는 자신이 근무하는 교육구에서 학생들이 이용할 수 있는 상담과 심리적 서비스에 관하여 연수를 받을 수 있다. 정서적 영역을 교실로 편입시킬 때 학교 상담원은 교사의 가장 훌륭한 자원이 될 수 있다. 이와 더불어 교사는 꼭 참고하려는 목적이 아니더라도, 정보 제공, 네트워킹, 프로젝트나 수업 주제를 위한 특강강사 풀로 활용할 수 있으므로 지역사회에 있는 다양한 정신건강관련 정보를 잘 숙지하고 있는 것이 필요하다. 지역사회 자원과 마찬가지로, 인터넷에는 전문기관, 특정 이익단체, 특정 영역 전문가 협회 등에서 제공하는, 손쉽게 얻을 수 있으면서 바로 사용이 가능한 정보가 많다.

맺는 글

학교에 입학한 날부터 학생들은 사회적 · 정서적 · 인지적인 집합적 경험을 갖고 학교에 온다(Beane, 1990). 단지 개인적 느낌이나 감정 이상으로서 정서적 영역에는 신념과 가치 체계, 포부, 마음가짐 그리고 올바른 인식과 연결되어 있는 선택과 선호도 등이 포함되어 있다. 이러한 각각의 양상은 인지적인 면과 정서적인 면의 결합을 이끈다. 논리적으로 볼 때 이러한 통합은 학교 상황에서 발견되어야 한다.

영재들의 특징과 관계된 사회적 · 정서적 필요뿐만 아니라 영재 각 개인의 사회적 · 정서적 특징은 영재 교육 분야의 연구자들에 의해 잘 입증되고 있다(Clark, 2002; Cohen & Frydenberg, 1996; Cross, 2003; Delisle, 1987; Roeper, 1995; Silverman, 1993). 그러나 문헌이 제공하는 증거와 지지에도 불구하고, 교사 혹은 행정기관이 확인한 명백한 문제에 대해 반응하는 것을 제외하면 여전히 많은 학교에서 정서적 영역에 대해서는 그다지 주목하고 있지 않다(Peterson, 2003). 교육과정에 정서적 영역을 포함하는 것이 모든 학생들에게 적합하며, 특히 확산적 사고, 지나친 흥분성, 민감성, 지각력, 완벽주의적 성향과 같은 사회적 · 정서적 특질을 보이는 영재 학생들에게 더더욱 필수적이다(Lovecky, 1992). 학생들의 사회적 · 정서적 필요성을 충족시키기 위한 구체적 전략들이 개별 활동, 수업, 교육과정의 한 단원 또는 분리된 단원의 어떤 주제 영역에도 통합될 수 있음을 명심하자.

사회적 · 정서적 교육 관련 자료

사회적 · 정서적 교육: 출판물

Beane, J. (1990). 『교육과정의 정서: 민주주의, 존엄 그리고 다양성(Affect in the curriculum: Toward democracy, dignity, and diversity)』. New York: Teachers College Press.

이 책은 도덕, 가치 그리고 시민권의 주제가 학생들에게 재소개될 수 있는 방법을 간략하게 설명하며, 이렇게 강조하는 것이 인간적인 미래에 공헌할 수 있음을 자세하게 묘사하고 있다.

Blymire, L., Jones, C., Brunner, T., & Knauer, D. (1998). 『정서적 · 인지적 사고: 영재를 위한 전략(Affective cognitive thinking: Strategies for the gifted)』. Harrisburg, PA: Penns Valley.

이 책은 영재 학생들을 위한 활동 학습지로 만들어졌다. 이 책에는 인지적 사고 이론과 정서적 처리 기술을 기초로 한 전략이 사용되었다. 이 워크북은 곧바로 복사해서 사용할 수 있으며 언어, 사회, 수학, 과학을 위한 특별 활동을 포함하고 있다.

Cohen, J. (Ed.). (1999). 『마음과 감정을 교육시키기: 사회적 정서적 학습과 청소년기로의 이동(Educating minds and hearts: Social emotional learning and the passage into adolescence)』. New York: Teachers College Press.

긍정적인 학교 분위기를 만드는 데 가장 좋은 관행, 사회적으로 결정하기, 문제 해결, 중학교에서의 정서적 학습, 충돌 해결, 관용을 자세하게 묘사하는 장이 있는 이 책은 정서적 영역에 효과적으로 대처하는 프로그램을 어떻게 몇몇 학교가 성공적으로 실행하는지를 보여 준다.

Kirschenbaum, H. (1995). 『학교와 청년기를 배경으로 하여 가치 체계와 도덕성을 고양시키는 100가지 방법(One hundred ways to enhance values and morality in schools and youth settings)』. Needham Heights, MA: Allyn and Bacon.

이 책은 정서적 영역의 여러 양상을 통합하는 데 쉽게 적용할 수 있는 활동을 제공한다.

사회적 · 정서적 교육: 웹사이트

키브 정서교육사(Kieve Affective Education Inc.)
http://www.kieve.org

1926년 메인 주에서 여름 캠프로 처음 시작한 Kieve 조직은 발전하여 소년 소녀를 위한 여름 캠프, 대양 발견 프로그램, 과학과 황무지 프로그램, 리더십 프로그램을 포함하게 되었다. 이 조직은 유익한 전략과 제안으로 가득 찬 이메일 회보를 무료로 보내준다.

윤리 자원 센터(The Ethics Resource Center)
http://www.ethics.org

윤리 자원 센터(ERC)는 개개인과 조직이 고결하게 행동하는 세계라는 비전을 갖고 있는 비영리, 비당파적 교육 기구이다. 이 사이트는 도덕적 딜레마 논의를 촉진하기 위하여 교실에서 사용될 수 있는 정보를 제공한다.

교실 분위기: 출판물

Canfield, J., & Wells, H. (1994). 『교실에서 자아 개념을 향상시키기 위한 100가지 방법(One hundred ways to enhance self-concept in the classroom)』. Needham Heights, MA: Allyn and Bacon.

이 책은 수업 중 통합되어 사용될 수 있거나 특별한 자긍심 프로그램에서 사용될 수 있는 100가지 이상의 실용적인 수업에서 시험된 연습문제를 제공한다. 이 책의 저자들은 활동을 조직하고 순서대로 연결하기 위한 제안을 하는데, 이것은 견실한 학습과 심리적 연구를 바탕으로 하고 있다.

Shoop, L., & Wright, D. (1999). 『교실에서의 학습 활동 준비: 학습과 토론을 위한 분위기를 좋게 하는 활동들(Classroom warm-ups: Activities that improve the climate for learning and discussion)』. San Jose, CA: Resource Publications.

이 책에 제시되어 있는 쉽게 사용할 수 있는 활동들은 빨리 적용 가능하며 교실 수업으로 쉽게 통합할 수 있고, 무엇보다도 학생들에게 즐거움을 준다.

Freiberg, H. (1999). 『학교 분위기: 건강한 학습환경을 측정, 향상, 유지하기(School climate: Measuring, improving and sustaining healthy learning environments)』. New York: Routledge Falmer.

이 책은 형식적 · 비형식적 기준을 사용하여 교육자에게 학교와 교실 분위기를 볼 수 있는 틀을 제공한다. 각각의 장은 다른 분위기 양상에 초점을 맞추고 있으며, 교사가 학습환경의 건강함을 판단하는 데 사용할 수 있는 테크닉을 자세하게 기술한다.

교실 분위기: 웹사이트

트라이브즈 학습 공동체(Tribes Learning Community)
http://www.tribes.com

Tribes는 돌보는, 안전한 그리고 편안한 학습환경을 만드는 데 헌신하는 조직이자 프로그램이다. 이 사이트는 Tribes와 관련된 직원 계발 기회와 함께 정보와 참고 목록을 제공한다.

그룹 전략: 출판물

Gelb, M. (1998). 『어떻게 레오나르도 다 빈치처럼 생각할 수 있을까?(How to think like Leonardo da Vinci)』. New York: Delacorte Press.

저자는 문제 해결, 창의적 사고, 자기표현, 미학적 인식, 목표 설정을 통하여 도전에 접근하는 전략을 제공한다.

McAuliffe, J., & Stoskin, L. (1993). 『토요일은 무슨 색일까?(What color is Saturday?)』. Tucson, AZ: Zephyr Press.

이 책은 비유를 사용하여 창의성의 인지적인 면과 정의적인 면 모두를 장려한다. 이 책에서 사용된 전략은 교육과정에서 예술 통합을 아주 적합하게 만든다.

Halsted, J. (1994). 『나의 가장 훌륭한 친구 중 몇몇은 책이다: 영재인 독자들을 유치원에서 고등학교까지 안내하기(Some of my best friends are books: Guiding gifted readers from pre-school to high school)』. Scottsdate, AZ: Gifted Psychology Press.

Halsted는 영재들의 전형적인 독서 패턴과 함께 영재 학생들의 정서적 · 인지적 필요성에 대한 연구 배경과 결과를 제공한다. 여기에는 주석이 달려 있으며, 주제별로 색인 목록이 붙어 있는 영재 독자들에게 적합한 300개 이상의 참고문헌도 포함되어 있다.

Gold, J. (2002). 『당신의 삶을 위하여 읽으십시오: 인생 지원 체제로서의 문학(Read for your life: Literature as a life support system)』. Allston, MA: Fitzhenry & Whiteside.

다양한 범위의 친근한 책들을 제시하면서, 저자는 일상적인 독서로 독자가 어떻게 정신적으로 건강을 유지하고 개인적 능력을 향상시킬 수 있는지를 알려 준다. 이 책에는 위기, 스트레스, 불안의 시기에 적합한 읽기 목록이 제시되어 있고 어린이와 청소년을 위한 독서에 대한 부문도 포함되어 있다.

Odean, K. (1998). 『소년들을 위한 위대한 책들(Great books for boys)』. New York: Ballantine.

부모, 교사 그리고 도서관 사서를 위한 이 훌륭한 책에는 주의 깊게 선정되고 주해된, 그러고 나서 독자의 나이와 성에 따라 구조화된 600개 이상의 책 제목이 제시되어 있다.

Odean, K. (1997). 『소녀들을 위한 위대한 책들(Great books for girls)』. New York: Ballantine.

이 책에는 여자 아이들을 격려하고 도전 정신을 부여하며 교육하기 위해 선정된 600개 이상의 제목이 제시되어 있다. 각각의 책은 주해가 되어 있고 학년에 따른 독서 수준이 제공되어 있다. 선정된 책들은 저자, 제목 그리고 범주별 색인이 붙어 있다.

Stanley, J. (1999). 『치료를 위한 독서: 당신의 인생을 향상시키기 위하여 독서요법을 어떻게 이용할까?(Reading to heal: How to use bibliotherapy to improve your life)』. Boston: Element.

독서요법에 대한 첫 번째 비학문적인 이 책은 독서요법 과정을 위한 책 선정 및 사용 방법을 독자들에게 알려 주는, 접근하기 쉽고 유용하며 매력적인 도구이다.

Hesley, J., & Hesley, J. (2001). 『영화 2편을 빌리고 아침에 이야기하자: 심리요법에서 인기 있는 영화 이용하기(Rent two films and let's talk in the morning: Using popular movies in psychotherapy)』(제2판). New York: Wiley.

이 책은 12편의 유명한 영화에 대해 간략하게 묘사하고 특별한 문제(예를 들면, 이혼, 물질 남용, 개인적 책임감)에 대처하기 위하여 어떻게 활용할 수 있는지를 보여 준다. 또한 영화를 선정하고 과제물을 만들기 위한 제언을 제공한다.

Solomon, G. (2001). 『영화요법: 영화가 당신에게 영감을 주어 삶의 문제를 극복시키는 방법(Reel therapy: How movies inspire you to overcome life's problems)』. New York: Lebhar-Friedman.

저자는 인생의 감정적 문제에 대처하기 위하여 영화 제목을 제시한다. 이 책은 영화를 보는 사람이 더 깊고 감정적인 면에서 영화를 이해하도록 영화를 분석한다.

그룹 전략: 웹사이트

예술을 위한 미국인들(Americans for the Arts)
http://www.artsusa.org

이 예술 지지자 조직은 교육에서 다루고 있는 예술의 범위를 확장할 수 있는 방법에 대한 정보를 제공한다. 이 사이트는 지역 예술 협회와 기관에 대한 링크뿐만 아니라 풍부한 정보를 제공하여 예술 통합의 정당화를 도와준다.

전국 예술 협회(National Arts Council)
http://www.nac.gov.sg

이 사이트는 예술 교육을 위한 보조금과 혁신적 기금 모금 아이디어에 대한 정보와 링크를 제공한다.

독서요법 서가(Bibliotherapy Bookshelf)
http://www.carnegielibrary.org/kids/booknook/bibliotherapy

펜실베이니아 주, 피츠버그 카네기 도서관의 서비스인 이 사이트는 문제 별로 범주화된 광대한 양의 도서 목록을 제공한다. 이 사이트는 자주 업데이트된다.

영화요법닷컴(Cinematherapy.com)
http://www.cinematherapy.com

이 사이트는 Birgit Woltz 박사가 만들고 운영하는데, 영화요법을 사용하기 위한 제언과 함께 영화 색인 목록이 제공된다.

개인적 전략: 출판물

Lewis, B. (1998). 『아이의 사회적 행동을 위한 지도서(The kid's guide to social action』(수정판). Minneapolis, MN: Free Spirit.

독특한 학생들의 실생활과 관련된 삽화와 함께, 저자는 사회적 행동 프로젝트를 개발하고, 행하고, 감독하고, 평가하는 데 필요한 기술과 단계를 간략하게 제공한다.

Eyler, J., & Giles, D. (1999). 『봉사학습의 어디에 학습이 있나?(Where's the learning in service-learning?)』. San Francisco: Jossey-Bass.

이 책은 봉사학습이 타당한 학습 활동인지 탐구한다. 저자들은 학습에 대한 태도와 지각에 초점을 둔 거대한 국가 차원의 설문 조사, 봉사 학기 이전과 이후에 이루어진 집중적인 학생 인터뷰 그리고 봉사학습 과정에 대한 학생들의 관점을 알아보기 위한 추가적이고 포괄적인 인터뷰를 포함하는 2개의 국가적 연구 프로젝트에서 나온 데이터를 제시한다. 이 책에는 자신의 상황에서 봉사학습 프로젝트 촉진에 관심을 갖고 있는 사람들을 위한 아이디어도 있다.

Galbraith, J. (1999). 『영재 어린이의 생존을 위한 지도서: 10세 이하의 어린이를 위하여(The gifted kids' survival guide: For ages 10 and under』(수정판). Minneapolis, MN: Free Spirit.

이 책은 어린 영재아가 영재가 된다는 것이 무엇을 의미하는지 이해하도록 도와준다. 또한 이 책에는 다른 영재 어린이에게 통찰력과 충고를 제공하는 영재 어린이들의 기고문이 가득하다.

Galbraith, J., & Delisle, J. (1996). 『영재 어린이의 생존을 위한 지도서: 10대를 위한 안내서(The gifted kid's survival guide: A teen handbook』(수정판). Minneapolis, MN: Free Spirit.

이 책은 미국 전역에 있는 영재 청소년들이 제공한 전략, 충고, 통찰력으로 가득 차 있다. 문제별로 배열되어 있는데, 이 책은 학생들이 자기 자신과 자신의 영재성을 이해하는 데 도움을 준다.

Kincher, J. (1995). 『어린이를 위한 심리학(Psychology for kids)』. Minneapolis, MN: Free Spirit.

이 책에는 학생들이 자신의 마음가짐, 의견, 신념, 습관, 선택, 기억, 아이디어, 능력을 파악할 수 있도록 40개의 인격 스타일 목록(Personality Style Inventories, PSI)이 제시되어 있다. 이 목록은 학생들이 자기 자신을 이해하는 데 도움이 되도록 설계되어 있다.

Kincher, J. (1995). 『어린이를 위한 심리학 II(Psychology for kids II)』. Minneapolis, MN: Free Spirit.

이 두 번째 책에는 학생들이 다른 사람들의 신념, 마음가짐, 지각, 차이점, 학습 스타일 파악을 위해 실시할 수 있는 40개의 테스트가 제시되어 있다. 이 테스트는 학생 친화적인 형태로 제시되어 있고, 보고된 정보뿐만 아니라 독자가 흥미를 느낀다면 보고된 정보 이상의 것을 얻을 수 있는 정보원도 제공한다.

개인적 전략: 웹사이트

The Strawberry Point School Service Learning Primer
http://www.goodcharacter.com/SERVICE/primer-1.html

이 안내 사이트는 봉사학습 프로젝트를 만들고 실행하고 평가하는 방법에 대한 단계적인 방법을 제공한다.

The Big Dummies Guide to Service Learning
http://www.fiu.edu/%7Etime4chg/Library/bigdummy.html

사용하기 쉬운 이 사이트는 봉사학습에 대한 일반적 질문에 대해 알찬 대답을 제공한다. 주제는 교직원 관심사, 프로그램 관심사, 학생 문제, 행정기관 관심사 그리고 비영리 문제로 분류되어 있다.

Learn and Serve
http://www.learnandserve.org

이 사이트는 유치원에서 고등교육, 학교를 기본으로 하는 것에서 지역사회가 주도권을 갖고 있는 범위까지 모든 차원의 봉사학습에 초점을 맞춘 포괄적인 정보 시스템이다.

참고문헌

Adderholt-Elliot, M., & Eller, S. (1989). Counseling students who are gifted through bibliotherapy. *Teaching Exceptional Children*, *22*(1), 26-31.

Association of State and Territorial Health Officials. (2002). Moving towards a multi-system approach for child and adolescent mental health. *Mental Health Resource Guide*. Retrieved on April 23, 2004, from http://www.astho.org

Beane, J. (1990). *Affect in the curriculum: Toward democracy, dignity, and diversity*. New York: Teacher's College Press.

Belbas, B., Gorak, K., & Shumer, R. (1993). *Commonly used definitions of service-learning: A discussion piece*. Retrieved on December 1, 1998, from http://www.nicsl.coled.umn.edu/res/mono/def.htm

Blackburn, C., & Erikson, D. (1986). Predictable crises of the gifted student. *Journal of Counseling and Development*, *64*(9), 552-554.

Bloom, B., Hastings, J., & Madaus, G. (1971). *Handbook of formative and summative evaluation*. New York: McGraw-Hill.

Campbell, D. (2000). *Campbell interest and skill survey*. Minneapolis, MN: NCS Pearson.

Carin, A., & Sund, L. (1978). *Creative questioning: Sensitive listening techniques: A self-concept approach*. Columbus, OH: Merrill.

Clark, B. (2002). *Growing up gifted* (6th ed.). Upper Saddle River, NJ: Merrill/Prentice Hall.

Cohen, L., & Frydenberg, E. (1996). *Coping for capable kids*. Waco, TX: Prufrock Press.

Cross, T. (2003). *On the social and emotional lives of gifted children: Issues and factors in their psychological development* (2nd ed.). Waco, TX: Prufrock Press.

Delisle, J. (1987). *Gifted kids speak out*. Minneapolis, MN: Free Spirit.

Delisle, J. (2001). Affective education and character development: Understanding self and serving others through instructional adaptations. In F. A. Karnes & S. M. Bean (Eds.), *Methods and materials for teaching the gifted* (pp. 471–494). Waco, TX: Prufrock Press.

Elgersma, R. (1981). Providing for affective growth in gifted education, *Roeper Review*, *3*(4), 6–8.

Frazier, M., & McCannon, C. (1981). Using bibliotherapy with gifted children. *Gifted Child Quarterly*, *25*, 81–85.

Gardner, H. (1983). *Frames of mind: The theory of multiple intelligences*. New York: BasicBooks.

Green, N. (2004). Classroom strategies that support student success. Retrieved January 1, 2004, from http://www.learn-live.nrw.de/angebote/greenline/downloads/class_strat.pdf

Hébert, T., & Neumeister, K. (2001). Guided viewing of film: A strategy for counseling gifted teenagers. *Journal of Secondary Gifted Education*, *12*, 224–227.

Johnson, K. (2000). Affective component in the education of the gifted. *Gifted Child Today*, *23*(4) 36–41.

Krathwohl, D., Bloom, B., & Masia, B. (1964). *Taxonomy of educational objectives: The classification of educational goals. Handbook II: Affective domain*. New York: McKay.

Lewis, B. (1997). *What do you stand for? A kids' guide to building character*. Minneapolis, MN: Free Spirit.

Levey, S., & Dolan, J. (1988). Addressing specific learning abilities in gifted students. *Gifted Child Today*, *11*(3), 10–11.

Lovecky, D. (1992). Exploring social and emotional aspects of giftedness in children. *Roeper Review, 15*, 18-25.

Maker, C. J., & Nielson, A. (1995). *Teaching models in education of the gifted* (2nd ed.). Austin, TX: PRO-ED.

Mehrens, W., & Lehman, I. (1987). *Using standardized tests in education.* New York: Longman.

Milne, H., & Reis, S. (2000). Using videotherapy to address the social and emotional needs of gifted students. *Gifted Child Today, 23*(1), 24-29.

Newton, A. (1995). Silver screens and silver linings: Using theater to explore feelings and issues. *Gifted Child Today, 18*(2), 14-19, 43.

Nugent, S. (2000). Perfectionism: Its manifestations and classroom-based interventions. *Journal of Secondary Gifted Education, 11*, 215-221.

Nugent, S., & Shaunessy, E. (2003). Using film in teacher training: Viewing the gifted through different lenses. *Roeper Review, 23*, 128-134.

Peterson, J. (2003). An argument for proactive attention to affective concerns of gifted adolescents. *Journal of Secondary Gifted Education, 14*, 62-70.

Renzulli, J. S. (1977). *The Interest-a-lyzer.* Mansfield Center, CT: Creative Learning Press.

Renzulli, J. S. (1977). *Interest-a-lyzer family of instruments: A manual for teachers.* Mansfield Center, CT: Creative Learning Press.

Robertson, D. (2000). Enriching the scholarship of teaching: Determining appropriate cross-professional applications among teaching, counseling, and psychotherapy. *Innovative Higher Education, 25*(2), 111-125.

Roeper, A. (1995). How the gifted cope with their emotions. In R. Medeiros (Ed.). *Annemarie Roeper: Selected writings and speeches* (pp. 74-84). Minneapolis, MN: Free Spirit.

Rogers, K. (1985). The museum and the gifted child. *Roeper Review, 7*, 237-239.

Sellin, D., & Birch, J. (1980). *Psychoeducational development of gifted and talented learners.* Rockwell, MD: Aspen.

Silverman, L. (Ed.). (1993). *Counseling the gifted.* Denver: Love.

Sisk, D. (1987). *Creative teaching of the gifted.* New York: McGraw-Hill.

Solomon, B., & Felder, R. (2004). *Index of learning styles questionnaire.* Retrieved January 1, 2004, from http://www.engr.ncsu.edu/learning styles/ilsweb.html

Strong, E. (1994). *Strong interest inventory.* Palo Alto, CA: Consulting Psychologists Press.

Tannenbaum, A. (1983). *Gifted children: Psychological and educational perspectives.* New York: Macmillan.

Taylor, L., & Adelman, H. (2000). Connecting schools, families, and communities. *Professional School Counseling, 3*, 298–307.

Treffinger, D., Borgers, S., Render, G., & Hoffman, R. (1976). Encouraging affective development: A compendium of techniques. *Gifted Child Quarterly, 20*, 47–65.

U.S. Department of Health & Human Services. (1999). *Mental health: A report of the Surgeon General–Executive summary.* Rockville, MD: U.S. Department of Health & Human Services, Substance Abuse & Mental Health Services Administration, Center for Mental Health Services, National Institutes of Health, National Institute of Mental Health.

Weinstein, G., & Fantini, M. (1970). *Toward humanistic education: A curriculum of affect.* New York: Praeger.

Williams, F. (1969). Models for encouraging creativity in the classroom by integrating cognitive–affective behavior. *Educational Technology, 9*(12), 7–13.

Williams, F. (1970). *Classroom ideas for encouraging thinking and feeling* (2nd ed.). Buffalo, NY: D.O.K.

찾아보기

〈기타〉

저자 소개

Stephanie A. Nugent는 애리조나 사우스 대학교에서 중등교육 조교수로 재직 중이다. 영재 교육에 관련된 다양한 주제로 논문을 저술 혹은 공동 저술하였고 애리조나 주, 미국 전역 그리고 국제회의에서 발표하였다. 중학교와 고등학교에서 10년 이상 재직하였고 이로 인해 저자의 연구 관심 분야는 중등교육 과정에의 도덕성 계발 및 정서적 영역 편입, 효과적인 테크놀로지 통합전략 그리고 교사 지도자 육성이다. Nugent는 사우선 미시시피 대학교에서 교육과정, 교수 그리고 영재 연구에 강조점을 둔 특수교육으로 철학 박사학위를 받았다.

역자 소개

한기순

- 인천대학교 대학원 교육학과 교수(영재교육 전공)
- 인천대학교 과학영재교육연구소 부소장
- 한국영재학회 이사
- 인천광역시 영재교육진흥위원회 추진위원
- 교육과학기술부 목적기초추진사업 추진위원

■ **저서 및 논문**

- 영재교육학원론(공저). 교육과학사. 2003.
- 한국영재교육의 새로운 지평(공저). 학지사. 2007.
- Possibility and limitation of gifted education in Korea. Asia Pacific Education Review, 8(3), 2007.
- Problem-Finding, Real-World Divergent Thinking Test, and Young Children. Gifted and Talented International, 23(1), 2005.
- Domain-specificity of creativity in young children: How quantitative and qualitative data support it. Journal of Creative Behavior, 37(2), 2003.
- A classroom-based observation approach. Journal of Assessment for Effective Intervention, 28(2), 2003.
- Multiple creativities?: investigating domain-specificity of creativity in young children. Gifted child Quarterly, 46(2), 2002.
- A five-year follow-up study of the Nebraska Project: Still a long way to go. Roeper Review, 23(1), 2000. 외 다수

이금숙

- 인천과학고등학교 영어과 교사
- 인천대학교 영재교육전공 박사과정

영재아 지도를 위한 사회적·정서적 전략

Social & Emotional Teaching Strategies

초판 인쇄 | 2008년 9월 5일
초판 발행 | 2008년 9월 8일
저　　자 | Stephanie A. Nugent
역　　자 | 한기순 · 이금숙
발 행 인 | 홍진기
발 행 처 | 아카데미프레스

주　　소 | 122-900 서울시 은평구 역촌2동 58-9
부호아파트 102동 상가3호
전　　화 | (02)2694-2563
팩　　스 | (02)2694-2564
웹사이트 | www.academypress.co.kr
등 록 일 | 2003. 6. 18, 제313-2003-200호
I S B N | 978-89-91517-33-2

가격 5,000원